Marion Jana Goeritz

# Zweiundzwanzig
# Wegboten

Bibliografische Information der Deutschen Nationalbibliothek:

Die Deutsche Nationalbibliothek verzeichnet diese Publikation in der Deutschen Nationalbibliografie; detaillierte bibliografische Daten sind im Internet über http://dnb.dnb.de abrufbar.

Herstellung und Verlag: BoD – Books on Demand, Norderstedt

**ISBN: 978-3-7504-0676-6**

Herzlich willkommen liebe Leser,

manchmal lernen wir durch Men-
schen, welche uns als Spiegel dienen,
manchmal lassen wir uns irgendwie
treiben, werden auf diese Art und
Weise auf unserer Reise inspiriert
und fühlen, was richtig für uns sein
könnte.

Wenn Sie mögen, tauchen Sie ein
in Bilder, welche in Form und Farbe
ganz eigen und so manches Wort be-
reits laut erzählen.

Herzlichst
Marion Jana Goeritz

6

Wenn Nachts

im Schein des Mondes,

Gedanken rudern gehen,

erklingt am Grund des Meeres

ein Lied so wunderschön.

Es spielt die Melodie der Liebe,

einer Seele alt und rein,

und lassen sie die Ruder schwimmen,

lädt ihr Gefühl sie ein,

nur auf dieses

doch zu hören.

8

Und die Welt

die dreht sich leise,

wie so mancher schöner Traum.

Sternenglanz

auf ihrer Reise,

bewegend schauen wir hinauf.

Erblicken Schatten und auch Licht.

Planetentanz

auf den vielen, weiten Straßen,

erzählen uns Geschichten alt.

Und manchmal,

selbst wenn wir

niemals daran glauben,

finden sie zur Erde halt.

10

So vieles Schönes

wohnt im Menschen.

Der Glanz seiner Seele,

und möge er es anfänglich

auch kaum verstehen,

wird doch von anderen gesehen.

Von allen?

Von denen, die bereits

gelernt und fühlen,

Auch von den anderen?

Ja, schauen sie auch weg.

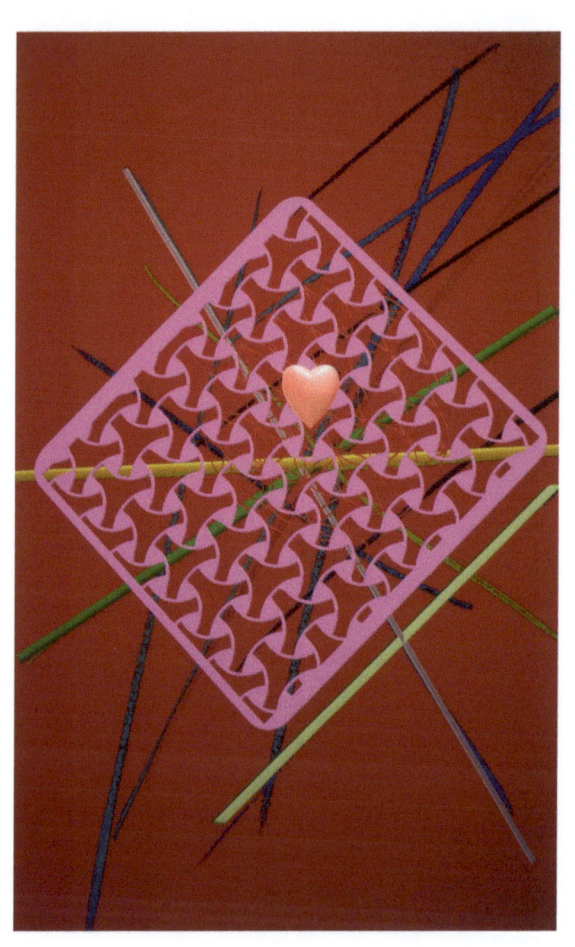

12

Ausgesöhnt?

Verloren? Nein!

Selbst erkannt, das nur in Liebe

sich der Mensch

wirklich gut entwickeln kann.

Losgelassen

und das Ende akzeptiert,

damit ein neuer, guter Anfang

sich ergibt.

Ausgesöhnt mit sich selbst?

Ja, weil es helfen kann,

in Liebe zu leben.

14

Ein Malermeister überall,

malt der Bäume Blätter an

und wenn sie auch fallen

Tag und Nacht,

er hat es nie umsonst gemacht.

16

Der Elfen

bunte, weite Kleider,

sie wehen so schön im Wind.

Sie tanzen in einem Reigen,

weil sie glücklich sind.

Sie erfreuen sich

an Blumen bunt,

an blauen Seen und grünen Wiesen.

Sie schützen mit ihrem Reigen auch

und manchmal,

fühlen unsere Seelen ihre Flügel,

dann,

wenn sie durch die Lande ziehen.

18

Eine Feder weiß und leicht
fiel vom Himmel so herab.
Der leise Wind trug sie davon
und lies sie schweben
über grünes Gras
ins Wasser kalt und klar.
Dort lag sie auf einem großen Stein
und ruhte aus,
und als ein Mensch sie ruhen sah,
erfreute er sich
an dem lieben Engelsgruß.
Er nahm sie auf
und fort an
schmückte sie sein zu Haus.

20

Da war eine Seele, da war ein Herz,
da war ein großes Feuerwerk.
Es strahlte weit in ein Land,
bunte Blumen blühten dort.
Da war eine Seele, da war ein Herz,
da war ein großes Feuerwerk
und große Gefühle luden ein,
auch Blumen zu verschenken.
Es waren Grüße
aus einem längst
vergangenen Leben.

22

Die Farbe der Heilung
leuchtet grün.
Und heilt ein Herz
im grünen Licht,
empfängt die Welt die Kraft,
die im Herzen inne wohnt.
Es leuchtet hell,
es spricht Freude,
es lacht Liebe
und es lebt oft
mit einem anderen wieder auf.

24

wenn ein Herzgefühl erblüht,

und es hoch fliegen möchte,

fliegt es

mit Überschallgeschwindigkeit

dem entgegen,

der es wohl schon

so sehr herbeigesehnt.

Liebe.

26

Wenn aus alter Zeit,

die längst vergangen

Geschichten neu erwachen,

erzählen sie oft von Licht

und Schatten.

Und bei hellem Kerzenschein,

zeigen sich Bilder

an weißer Wand,

die in solchen Augenblicken,

wohl nur

der Erzähler zeichnen kann.

28

Mit der Kraft
der bunten Steine,
die so alt und wunderschön,
kann so manche liebe Seele,
ihr Leben doch in Liebe gehen.

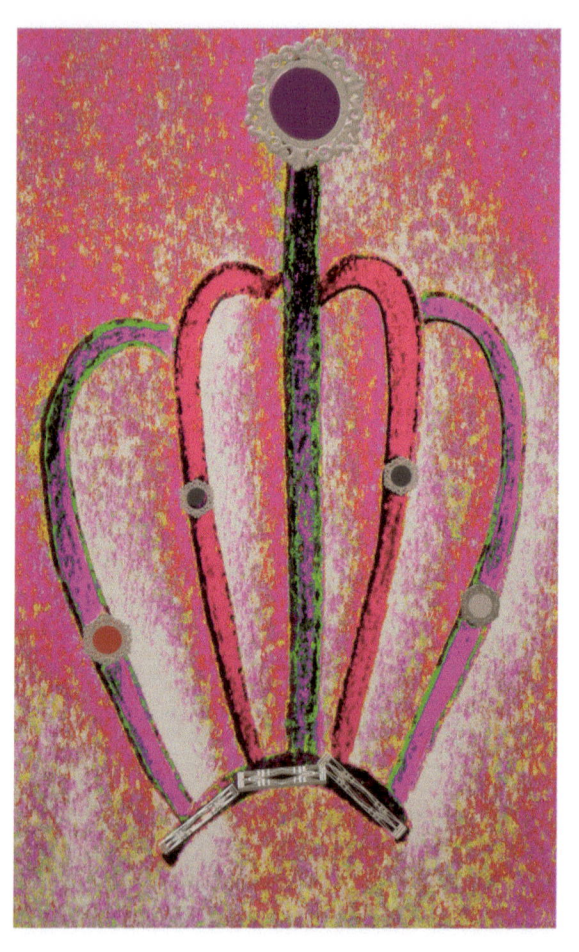

30

Wenn die Königin

sich zeigt, ist das nie hinderlich,

doch sollte sie auch wissen,

Macht ist Macht,

doch Liebe ist,

die Macht,

zum Wohle aller

einzusetzen.

32

Auf dem Grund

eines Seelenmeeres,

verhüllt im Dunkel,

lebte ein Geschenk

und bei Licht

wurde es wie

ein geschliffener Diamant so schön.

Und als es im Leben vieles fühlte,

flog auch

ein weiches Herz ihm zu,

das es nie mehr verlieren wollte.

34

Peng!

Bunte Gedanken schießen umher,

und fallen sacht ins Gefühl.

Wo nur

kommen diese vielen Farben her?

Aus der Mitte

fallen sie hinein

ins Leben, mit viel Gefühl.

36

Einfach daran denken,

keine Nummer zu sein,

das ist der Liebe Plan!

Und der andere fühlt

Achtung und Würde

sich selbst gegenüber.

38

Das Schicksal

mischt die Karten

und eine Karte gewinnt immer.

Der Glaube

an eine helle Farbe

kann helfen,

das Leben positiv zu gestalten.

40

Was im Leben heilen darf,

bestimmt wohl

ein Jeder selbst.

Mit klaren, reinen Gedanken,

die sich ins Gefühl legen

und dort helfen die Zukunft

zum Besseren zu verändern,

ebnen wir den Weg dazu.

42

Beim Seelentanz
bewegen die Gefühle der Liebe
die Menschen.
Sie reigen sich aneinander
und werden sie gefühlt,
empfängt der Mensch
ein bezauberndes Lächeln,
das nur ihm gehört.

44

Wenn die Kraft der Heilung
sich in der Welt zu zeigen vermag,
so erblühte über dem Geheilten
ein Blütenzaun aus Klarheit
und lässt die eigene Welt
hell erstrahlen.

46

Es ist das Wiedergeborene,

das uns

in Freude versetzen kann.

Es kommt,

es vergeht

und zwischendrin

erstrahlt es in unserer Welt

in den schönsten Farben.

48

Herzenswege zu gehen,

ist wie ein wunderschönes Lachen,

nach einem

gefühlt langen Regentag.

Von Marion Jana Goeritz ebenfalls beim Verlag BoD erschienen (BoD Books on Demand, Norderstedt, nähere Informationen finden Sie unter www.BoD.de)

„Liebe für die Seele Band 1"
ISBN 978-3-7357-4045-8

„Liebe für die Seele Band 2"
ISBN 978-3-7357-7734-8

„Seelenweiß"
ISBN 978-3-7347-5769-3

„Seelen essen Liebe gern"
ISBN 978-3-7347-8706-5

„SeelenEngel"
ein spiritueller Erfahrungsbericht
ISBN 978-3-7386-2588-2

„SeelenSchlüssel"
ISBH 978-3-7386-3844-8

„Seelenfarben"
ISBN 978-3-7386-3947-6

„Seelenschimmer"
ISBN 978-3-7386-4014-4

„Seelenfinden"
ISBN 978-3-7386-4037-3

„Ein Gefühl meiner Seele"
ISBN 978-3-7386-1506-7

„Seelenfrieden" Danken, Bitten, Entspan-
nung ein persönlicher Erfahrungsbericht
ISBN: 978-3-7386-4884-3

„Seelenweihnacht"
ISBN: 978-3-7386-5616-9

„Im Land unter dem Regenbogen" Wunder-
bare Märchen und unglaubliche Geschichten
ISBN: 978-3-7392-0115-3

„Freddy und seine Geschichten"
ISBN: 978-3-7386-3321-4

„SeelenWorte"
ISBN: 978-3-7392-0455-0

„Herzanker"
ISBN: 978-3-7392-3482-3

„Im Fluss der Liebe"
ISBN: 978-3-7392-3489-2

„Seelenklänge"
ISBN: 978-3-7392-3532-5

„Liebeslied"
ISBN: 978-3-7392-3548-6

„Wahre Traumtänzerin"
ISBN: 978-3-7392-3556-1

„Emilia Sommerfeld"
ISBN: 978-3-7392-3787-9

„Für mich war es Liebe"
ISBN: 978-3-8423-5362-6

„Kaleidoskop"
ISBN: 978-3-8423-5738-9

„Die verzauberte Wiese"
ISBN: 978-3-7412-0772-3

„Seelenbrücke"
ISBN: 978-3-7412-0890-4

„Wetterleuchten"
ISBN: 978-3-7412-2740-0

„Zentrifuge"
ISBN: 978-3-7412-4011-9

„Für Dich"
ISBN: 978-3-7412-4018-8

„Hannos Geschichten"
ISBN: 978-3-7412-9373-3

„Das Eulenherz"
ISBN: 978-3-7431-0009-1

„Eine Reise irgendwo hin"
ISBH: 978-3-7421-0042-8

„Ist das wirklich wahr?"
ISBN: 978-3-7431-1549-1

„Stille Momente"
ISBN: 978-3-7431-1586-6

„Engelszwirn"
ISBN: 978-3-7431-1594-1

„Anders"
ISBN: 978-3-7448-3582-4

„Wenn es spricht"
ISBN: 978-3-7448-3583-1

„Jonas und die Himmelsleiter"
ISBN: 978-3-7448-5452-8

„Farbenregen"
ISBN: 978-3-7448-5453-5

„Wellenfarbe"
ISBN: 978-3-7448-7311-6

Blanchefleur
ISBN: 978-3-7448-7415-1

„Winterzauber"
ISBN: 978-3-7448-9885-0

„Seele was denkst du dir?"
ISBN: 978-3-7448-9937-6

"Der Südwind
der aus dem Norden kam"
ISBN: 978-3-7448-8206-4

"Erinnerungsblick"
ISBN: 978-3-7460-1281-0

„Mosaik" Gefühle und Gedanken
Gedichte
ISBN:978-3-7460-1320-6

„Begegnung"
ISBN:  978-3-7460-9595-0

„Sternenozean“
ISBN:978-3-7460-9685-8

„Himmelsstern“
ISBN: 978-3-7528-5012-3

„Mut verspricht Lebendigkeit“
ISBN: 978-3-7528-5071-0

„Liebeswort-Gedichte“
ISBN: 978-3-7528-6639-1

„Wenn Schiffe wandern“
ISBN: 978-3-7528-6655-1

„Bunte Federstriche“ Gedichte
ISBN: 978-3-7481-0960-0

„Himmelblau und Sonnenreich“
Tierseelengeschichten
ISBN: 978-3-7481-3289-9

„Durchreisen“
ISBN: 978-3-7386-5903-0

„Grüne Traummusik“
ISBN: 978-3-7392-4925-4

„Bewegung“
ISBN: 978-3-7481-4013-9

„Wolken am Himmelsrand"
ISBN: 978-3-7494-8219-1

„Schrittweise"
ISBN 978-3-7448-0116-4

„Das grüne Kleid im Labyrinth"
ISBN 978-3-7504-0490-8

Weitere Informationen zu Neuerscheinungen finden Sie immer auf meiner Seite

www.buchkaleidoskop.Reikipraxis-Goeritz.-
de